JOSEPH

LAKANAL

NOTICE BIOGRAPHIQUE

PAR

M. B. LAVIGNE

Secrétaire du Comité de la Souscription Lakanal dans la Haute-Garonne.

TOULOUSE
CAPDEVILLE, LIBRAIRE-ÉDITEUR
19, AVENUE LAFAYETTE, 19

1880

Toulouse, le 25 mai 1880.

MONSIEUR,

Le département de l'Ariége se propose d'élever une statue au Conventionnel Lakanal, né à Serres, près Foix, en reconnaissance des grands services qu'il rendit à la France par l'organisation de l'instruction publique à tous les degrés.

A cet effet, un Comité central s'est constitué à Paris sous la présidence de M. Pascal Duprat, député de la Seine, afin de donner à cet hommage, aussi légitime que mérité, un caractère pour ainsi dire national.

Composé de sénateurs, de députés et d'hommes éminents dans les sciences et dans les lettres, parmi lesquels nous citerons : MM. Littré, Renan, Henri Martin, Berthelot, Quicherat, Charles Blanc, etc., de l'Institut.

Carnot, Broca, Pelletan, Schœlcher, Laurent Pichat, Scheurer-Kestner, etc., du Sénat.

Paul Bert, Deschanel, Wilson, Clémenceau, Laisant, Floquet, Baïhaut, etc., de la Chambre des députés.

Auguste Vacquerie, Edmond About, Mario Proth, Claretie, etc., de la presse parisienne.

Ce Comité nous a confié la mission d'organiser à Toulouse, comme centre universitaire de haut et vieux renom, une souscription publique destinée à concourir à cette œuvre patriotique.

La souscription de l'Ariége a déjà produit près de 10,000 fr. Celles qu'on organise à Paris, à Périgueux et à la Nouvelle-Orléans, et celle que nous ouvrons à Toulouse, nous donnent la ferme espérance, sinon la certitude, de voir ce généreux projet se réaliser prochainement.

C'est dans ce but que nous venons, Monsieur, solliciter de votre patriotisme éclairé une offrande, si modeste qu'elle soit, en vous priant de remplir le bulletin de souscription ci-joint et de le renvoyer à M. le trésorier payeur général, rue Saint-Antoine-du-T, à Toulouse (1).

La France ne peut que s'honorer en honorant tous ceux de ses enfants qui, à titres divers, lui ont rendu d'éclatants services.

Lakanal fut incontestablement de ce nombre ; mais comme ce grand organisateur, ce travailleur infatigable, n'est pas assez connu, nous avons cru devoir joindre à la présente lettre une petite notice biographique destinée à vous édifier, s'il était besoin, sur l'homme de bien, l'austère figure dont on veut glorifier et perpétuer la mémoire. S'il y eutdes acteurs plus bruyants dans le grand drame politique de la fin du siècle dernier, il n'y en eut pas deplus intègres, de plus utiles ni de plus dévoués à leur pays.

Les souscripteurs recevront ultérieurement un exemplaire du compte-rendu général des opérations du Comité, contenant la liste nominative de tous ceux qui auront souscrit avec le chiffre de leur souscription.

(1) On peut également souscrire dans les bureaux des journaux : le *Progrès libéral*, la *Dépêche*, le *Réveil* et le *Républicain du Sud-Ouest*.

Veuillez agréer, Monsieur, l'expression de nos sentiments les plus distingués.

Les membres du Comité:

A LEYGUE, membre du Conseil général, président.

H. ROZY, professeur à la Faculté de droit, vice-président.

B. LAVIGNE, ancien sous-préfet, secrétaire.

B. PLASSAN, adjoint au maire de Toulouse.

G COMPAYRÉ, professeur de philosophie à la Faculté des Lettres

BAILLAUD, doyen de la Faculté des Sciences.

N. JOLY, correspondant de l'Institut, ancien professeur à la Faculté des Sciences.

T. HUC, professeur à la Faculté de Droit.

BARBUT, professeur de philosophie au Lycée.

VALSON, professeur de rhétorique au Lycée.

Docteur NOULET, directeur du Muséum d'Histoire naturelle.

CAUBET, professeur à l'Ecole de Médecine.

TOUSSAINT, professeur à l'Ecole de Médecine.

DÉLEVEZ, directeur de l'Ecole normale.

LAVALETTE, directeur de l'Ecole communale primaire de Matabiau.

DARRÉ, directeur de l'Ecole communale primaire de Saint-Cyprien.

DASSIER, administrateur du *Progrès libéral.*

BLAIRET, rédacteur en chef de la *Dépêche.*

LANNES, rédacteur en chef du *Réveil.*

FRAYSSE, rédacteur en chef du *Républicain du Sud-Ouest.*

JOSEPH LAKANAL

Joseph Lakanal appartenait à une famille bourgeoise. Il naquit aux pieds des Pyrénées, dans le petit village de Serres, près Foix, le 14 juillet 1762.

Son oncle Maternel Bernard Font, curé de Serres, devenu plus tard évêque constitutionnel de Pamiers, fut son premier précepteur. On l'envoya ensuite dans la congrégation enseignante des pères de la doctrine chrétienne où il fit de brillantes études, mais il n'entra jamais dans les ordres.

Latiniste habile de très bonne heure, Lakanal fut nommé régent de cinquième à Lectoure, à l'âge de quinze ans. De Lectoure, il passa successivement régent de quatrième à Moissac, de troisième à Gimont et de seconde à Castelnaudary. A dix-neuf ans, il professait la rhétorique à Périgueux et se faisait recevoir docteur ès-arts à vingt ans, par l'Université d'Angers. De vingt-un à vingt-trois ans, il occupa la chaire de rhétorique à la Faculté de Bourges et devenait, à vingt-quatre ans, professeur de philosophie à Moulins. C'est là que la Révolution de 89 le trouva et que ses compatriotes de l'Ariège vinrent le chercher pour l'envoyer à la Convention nationale.

Lakanal avait alors trente ans. Il partageait les idées les plus généreuses de son temps, et vota l'établissement de la République sans reculer devant les conséquences qui devaient en résulter, comme la condamnation de Louis XVI. Ses principes et ses actes le brouillèrent avec toute sa famille, fort dévouée à la monarchie. C'est alors que, pour rendre cette rupture définitive et donner la mesure de sa résolution, Joseph substitua le K au C de son nom patronymique et signa Lakanal au lieu de Lacanal.

Son intelligence, sa fermeté, sa droiture, le firent bientôt remarquer à la Convention. Il fut un des premiers représentants du peuple envoyés en mission dans les départements par le Comité de Salut public. Sa première délégation s'exerça dans les départements de Seine-et-Marne et de Seine-et-Oise. C'est alors qu'il découvrit, dans le château de Chantilly, en outre des sommes considérables en or et en argent, des correspondances manuscrites du roi, de Marie-Antoinette, de Mlle Elisabeth, de Necker, de Calonne, de la Dubarry et des plans secrets des campagnes du prince de Condé, etc.

Il fut ensuite envoyé dans les départements de la Dordogne, Bec d'Ambsè, Lot, Lot-et-Garonne, seul, sans collègue, concentrant ainsi dans ses mains tous les pouvoirs. Il était à la fois législateur, juge suprême et général.

Appelé à ces hautes fonctions le 17 nivôse an II (6 janvier 1794), Lakanal se rend à son poste et écrit le 28 du même mois :

« Lakanal, représentant du peuple, invite tous » les maires et procureurs de la commune de Péri- » gueux à lui transmettre, sans aucun délai, des » réponses précises aux questions suivantes :

» 1° Les secours dûs à nos frères indigents sont- » ils organisés dans votre commune ?

» 2° Les écoles primaires sont-elles en activité ?

» 3° Quels sont les besoins et les ressources de » vos hospices de secours ?

» 4° Est-il facile de fonder dans votre commune » une maison d'économie rurale, dont le but serait » l'avancement de l'histoire de la nature, particuliè- » rement appliquée aux progrès de l'agriculture, du » commerce et des arts ; une bibliothèque popu- » laire qui deviendrait en quelque sorte l'école des » adultes et le sanctuaire de la liberté, car les lettres » font haïr l'esclavage parce qu'il dégrade, etc. ;

» 5° Quels sont les embellissements *utiles* dont cours est susceptible votre cité ? »

Quinze jours après il écrivait aux agents de se- de Périgueux :

» Frères ;

» Je me hâte d'acquitter la dette des âmes sensi- » bles. Je vous assure des fonds pour soulager l'in- » fortune et le malheur. J'aurais désiré, avant d'agir, » de connaître le mode de distribution que vous » avez adopté ; mais la faim ne s'ajourne pas.

» LAKANAL. »

La disette était, en effet, terrible dans la Dordogne, et Bergerac souffrait autant que Périgueux. Le délégué de la Convention se transporte sans cesse sur tous les points du département, pourvoyant aux besoins des districts appauvris par les ressources de ceux qui étaient plus favorisés. Voici ce qu'il écrit de Belvès à la Société populaire de Bergerac :

« Estimables amis,

» J'ai votre confiance, vous avez la mienne. Je
» reviens aujourd'hui parmi vous pour m'occuper
» sans relâche de votre bonheur. Recevez-moi comme
» il convient à des hommes libres et égaux devant
» la loi. Point de marque extérieure de joie. Un
» serrement de main de l'amitié vaut mieux pour
» Lakanal que toutes les pompes des fêtes. On
» m'a dit que vous étiez à la demi-livre de pain.
» C'est trop peu. Je veux que mes frères les Berge-
» racois soient bien. Soyez tranquilles, je réponds
» sur ma tête de vos subsistances tant que je serai
» parmi vous.

» Votre ami,

» LAKANAL. »

Et ce qu'il disait, il le faisait par des arrêtés précédés de considérants comme ceux-ci :

« Considérant que, dans une République, l'indi-
» gence est un crime social, les secours publics une
» dette commune, l'instruction un besoin pour tous ;
» Considérant que le pauvre, sur lequel ont pesé
» le plus les sacrifices commandés par la Révolu-

» tion, s'est montré l'ami constant et le zélé défen-
» seur de l'indépendance nationale, etc.,

» Arrête, etc., etc. »

Mais, malgré son zèle, son équité, ses bienfaits, Lakanal fut dénoncé au Comité de Salut public par un citoyen de Villamblard.

Voici la lettre qu'il lui écrivit à ce sujet :

« Bergerac, 2 ventôse an II.

» J'avais reçu la mission expresse de te faire arrê-
» ter, parce que tu avais signé une accusation ca-
» lomnieuse contre moi. Mais lorsque Lakanal est
» juge dans sa cause, ses ennemis sont assurés de
» leur triomphe. Il ne sait venger que les injures à
» la patrie. Je t'obligerai lorsque je le pourrai. C'est
» ainsi que les représentants du peuple repoussent
» les outrages. Tu as cinq enfants devant l'ennemi,
» c'est une belle offrande à la liberté. Je te décharge
» de la taxe révolutionnaire.

» LAKANAL. »

Nous bornerons là nos citations. Elles nous semblent plus que suffisantes pour donner à nos lecteurs une idée assez exacte de l'homme politique. C'est sous un autre aspect que nous voulons l'étudier ; sous celui qui lui donne sa valeur réelle et en fait une des figures les plus modestes mais les plus remarquables de la Convention nationale.

Malgré l'énergique activité déployée par Lakanal dans ses diverses missions, on ne peut ni ne doit le classer parmi les hommes d'action de cette triomphante époque. Ce n'était pas un orateur, mais c'était un caractère. Il fut par ses études, ses convictions, son tempérament, un organisateur plutôt qu'un lutteur. Pendant que Carnot organisait l'armée et défendait nos frontières, que Cambon mettait de l'ordre dans nos finances et créait le grand-livre, Lakanal provoquait, comme président et rapporteur du comité d'instruction publique, la fondation ou la réorganisation de toutes nos institutions scolaires depuis *les écoles primaires de filles et de garçons jusqu'à l'Institut.*

C'est là qu'il faut voir et étudier ce travailleur infatigable, cet homme de foi et de dévouement exclusivement animé de l'amour de son pays et de l'humanité.

« A regarder l'entassement énorme de ce que fit la » Convention, dit Michelet, on est tenté de croire » que le temps, en ces années, changea de nature. » Les jours furent au moins doublés. On peut nommer cette assemblée : *L'assemblée qui ne dormit* » *pas.* Les hommes de 93 ne trouvèrent rien et » créèrent tout. » C'est prodigieux !

Tout cela s'applique admirablement à Lakanal. Sans séparer son œuvre de celle de ses collaborateurs du comité de l'instruction publique, on peut dire, sans crainte d'être démenti, qu'il en était la cheville ouvrière, l'inspirateur et le directeur. Les preuves abondent à ce sujet. Nous en donnerons quelques-unes et la principale, celle qui pourrait nous dispenser d'en produire d'autres, c'est qu'il fut maintenu président et rapporteur de ce comité, qui se renouvelait tous les mois, pendant toute la durée de la Convention, c'est-à-dire pendant trois ans.

Le cadre nécessairement restreint de cette notice succincte, ne nous permettant pas d'entrer dans les détails des grands travaux, des immenses services rendus par Lakanal à son pays, nous nous bornerons à les énumérer sommairement.

Dans les premiers mois de l'année 1793, la Convention nationale avait supprimé toutes les académies, déclarant qu'elles étaient inutiles dans leur constitution actuelle, que la plus grande partie de leurs membres était hostile à la République et que rien d'ailleurs ne les empêchait de se constituer en sociétés libres.

Lakanal fit des efforts surhumains pour remédier à cet état de choses ; il défendit avec son énergie, sa persévérance habituelles, la cause des académies et des académiciens. Ses efforts sont constatés par plusieurs lettres de Bernardin de Saint-Pierre, Andrieux, Garat, Guinguéné, Grégoire, Desfontaines et autres. Voici comment s'exprime ce dernier à la date du 17 mai 1793 :

« L'Académie des sciences me charge de vous
» écrire en son nom pour vous faire ses remerci-
» ments. En défendant la cause d'une Académie
» qui a été réellement utile aux progrès des scien-
» ces, vous avez acquis des droits à la reconnais-
» sance des véritables savants. L'Académie en parti-

» culier connaît tout le prix de ce que vous avez » bien voulu faire pour elle et j'ose vous assurer » qu'elle n'en perdra jamais le souvenir. »

Le 2 juin 1793, quelques jours après la chute des Girondins, Lakanal monte à la tribune de la Convention et y prononce ces courageuses paroles :

« Citoyens, les monuments des beaux-arts qui » embellissent un grand nombre de bâtiments nationaux reçoivent, tous les jours, les outrages du » vandalisme ; des chefs-d'œuvre sans prix sont brisés ou mutilés ; les arts pleurent ces pertes irréparables. Il est temps que la Convention nationale » arrête ces funestes excès. Déjà elle a adopté une » mesure de rigueur pour la conservation des morceaux précieux de sculpture qui décorent le jardin national des Tuileries. Le comité d'instruction » publique vous propose de généraliser votre décret » et de l'étendre à toutes les propriétés nationales. » Il vous propose, en outre, de décréter la peine » de deux ans de fers contre quiconque dégradera » les monuments des arts. »

Ces propositions furent adoptées et servirent de base au décret du 27 juillet suivant qui ordonna l'organisation et l'ouverture du grand musée du Louvre.

Le 9 juin 1793, Lakanal apprend que la commune de Paris va transformer le jardin du roi (Jardin des Plantes) en un champ de pommes de terre. Il court au jardin, réunit les professeurs Daubenton, Thouin et Desfontaines, se concerte avec eux et, dans la nuit même, écrit le rapport qu'il lit le lendemain à la Convention avec le décret transformant le jardin du roi en Muséum d'histoire naturelle destiné à recevoir des échantillons de toutes les richesses du globe.

Aussi le botaniste Desfontaines lui écrivait-il le 11 nivôse an II (31 décembre 1793) :

« J'espère que le Muséum d'histoire naturelle s'organisera en peu de temps ; nous y emploierons » tous les soins dont nous pouvons être capables et » nous ferons tous nos efforts pour le rendre vraiment digne de la nation à laquelle il appartient. » Vous en êtes le nouveau fondateur et nous ne » perdrons jamais de vue les importants services » que vous lui avez rendus. »

Lorsque les professeurs firent imprimer la description de ce Muséum, ils en adressèrent un exemplaire à Lakanal, alors en exil, portant la dédicace suivante :

« A LAKANAL, pour le remercier du décret du » 10 juin 1793. Offert par les professeurs du Jardin » des Plantes soussignés : Vauquelin, Thouin, Desfontaines, Geoffroy Saint-Hilaire, Latreille, Cuvier, Laugier, Cordier, Jussieu, Lamarck, Brongniart, Lacépède. Paris, 10 juin 1823. »

Lakanal avait renvoyé de l'exil au Muséum, un passe-partout que les professeurs lui avaient remis en 1793. Lorsqu'il revint en France, en 1837, les professeurs administrateurs de cet établissement lui en remirent un autre sur lequel étaient gravés ces mots : « *Le Muséum d'histoire naturelle à Lakanal.* »

C'est à l'initiative féconde et à l'activité de Lakanal qu'est due notre École polytechnique. Le rapport et le décret constitutif sont du 18 juin 1793.

Un mois après, c'est-à-dire le 19 juillet de la même année, Lakanal montait à la tribune de la Convention et y tenait ce langage.

« De toutes les propriétés, la moins susceptible
» de contestation, celle dont l'accroissement ne peut
» ni blesser l'égalité républicaine, ni donner d'om-
» brage à la liberté c'est, sans contredit, celle des
» productions du génie. Et si quelque chose doit
» étonner, c'est qu'il ait fallu reconnaître cette pro-
» priété, c'est qu'une révolution aussi grande que
» la nôtre ait été nécessaire pour nous ramener, sur
» ce point comme sur tant d'autres, aux simples
» éléments de la justice la plus commune.

» Le génie a-t-il ordonné dans le silence un ou-
» vrage qui recule les bornes de l'esprit humain,
» des pirates littéraires s'en emparent aussitôt et
» l'auteur ne marche à l'immortalité qu'à travers
» les horreurs de la misère... Souvenez-vous, ci-
» toyens, que la postérité du grand Corneille s'est
» éteinte dans l'indigence ! »

Ces paroles reçurent l'assentiment de l'assemblée toute entière et le décret consacrant la propriété littéraire fut adopté.

Claude Chappe, l'inventeur du télégraphe aériensollicitait vainement de la Convention nationale l'établissement d'une ligne télégraphique, lorsque le 26 juillet 1793, Lakanal monte à la tribune, lit un rapport et l'établissement de cette ligne est décrété.

Quelques jours après, Chappe écrivait à Lakanal :

« Il y a longtemps que, rebuté de toutes parts, » j'aurais abandonné mon projet si vous ne l'aviez » pris sous votre protection.

» Vous avez triomphé de tous les obstacles ; que » dis-je, vous les avez transformés en moyens. Me » voilà pleinement satisfait. »

On sait que la première dépêche envoyée par le télégraphe annonçait une victoire. Elle était ainsi conçue : *Condé est restitué à la République, reddition avoir eu lieu ce matin à six heures.*

L'Ecole normale fut créée sur le rapport de Lakanal, le 9 brumaire an III (30 octobre 1794). Ce rapport est des plus beaux, mais les bornes de cet écrit ne nous permettant pas de le reproduire, nous craindrions de l'affaiblir en le fractionnant.

Les premiers maîtres, nommés par la Convention, sur la désignation de Lakanal, s'appelaient *Lagrange, Laplace, Bertholet, Garat, Bernardin de Saint-Pierre, Daubenton, Haüy, Volney, Sicard, Monge, Thouin, Hallé.*

La séance d'ouverture fut d'une simplicité grandiose. Pour toute cérémonie, Lakanal annonça qu'il allait lire le décret fondateur. Aussitôt les maîtres et les élèves se découvrirent et tous, debout, écoutèrent avec une respectueuse émotion cette lecture que suivit un immense cri de Vive la République !

La part que Lakanal prit à la fondation du *Bureau des Longitudes*, décrété le 7 messidor an III (24 juin 1794), est consacrée par la lettre suivante de Lalande :

« J'ai bien à cœur de vous présenter la connais-
» sance des temps, au nom du Bureau des Longi-
» tudes qui vous reconnaît pour son créateur et
» qui vous rend hommage en cette qualité. »

Laplace écrivait à son tour à Lakanal le 2 nivôse de la même année :

« Je vous renouvelle, citoyen, ma reconnaissance
» de tout ce que vous avez fait pour les sciences.
» Elles sauront transmettre à la postérité les noms
» de ceux qui, dans la crise qu'elles viennent d'é-
» prouver, ont constamment lutté contre la barba-
» rie, et le vôtre sera l'un des plus distingués. »

L'enseignement primaire, tel qu'il existe de nos jours, a été créé par la Convention nationale. Lakanal en fut le véritable inspirateur. Il y travailla dès son entrée dans cette assemblée mémorable, proposa divers plans qui furent ajournés et n'obtint une pleine satisfaction qu'après deux ans d'efforts persévérants et de luttes constantes.

Le décret constitutif de cet enseignement, présenté par Lakanal et adopté par la Convention, est du 28 brumaire an II (18 novembre 1793). Il repose sur les trois principes suivants :

1° L'éducation des filles est tout aussi indispensable que celle des garçons

2º L'éducation de l'enfant est indivisible ; toutes les parties de l'organisme de l'enfant sont en effet solidaires. Le développement des diverses facultés doit donc être simultané.

3º Le père et la patrie sont également intéressés à veiller à l'éducation de l'enfant ; il faut s'attacher à concilier les droits du père et de la patrie.

Conséquemment, dit le décret : « Les écoles pri-
» maires ont pour objet de donner aux enfants, de
» l'un et de l'autre sexe, l'instruction nécessaire à
» des hommes libres.

» Il y aura une école primaire par mille habitants.

» Chaque école primaire sera divisée en deux sec-
» tions, l'une pour les garçons, l'autre pour les fil-
» les. En conséquence, il y aura un instituteur et
» une institutrice qui seront nommés par le peu-
» ple, etc. »

Nous ne nous étendrons pas davantage sur ce sujet intéressant à tant de titres. Cela nous entraînerait trop loin ; car les travaux de Lakanal à cet égard, sont aussi nombreux que remarquables ; ils forment la partie capitale de son œuvre, le plus beau fleuron de sa couronne ; il n'y a qu'à les lire pour s'en convaincre.

Quelques mois plus tard, Lakanal lisait à la Convention un rapport demandant la création d'une école centrale par département, et fondait l'enseignement secondaire. Ce rapport fut adopté et le décret rendu le 7 ventôse an III (25 février 1795).

Ces écoles, placées entre les colléges proprement

dit et les écoles primaires, devaient posséder, chacune, une bibliothèque publique, un jardin botanique, un cabinet d'histoire naturelle et un cabinet de physique expérimentale.

Lakanal présida à l'organisation de *dix-neuf* écoles centrales, tant à Paris que dans les départements.

Le 10 germinal de la même année, 29 mars 1795, notre infatigable conventionnel obtint de la Convention un décret créant, dans l'enceinte de la bibliothèque nationale, une école des langues orientales à laquelle on adjoignit bientôt une chaire de grec moderne et une chaire d'archéologie.

Enfin l'Institut, décrété par la Convention [illegible] un rapport de Daunou, collègue de Lakanal au [illegible]mité d'instruction publique, fut organisé par ce [illegible]ernier auquel on confia le soin de désigner les quarante-huit membres qui durent élire tous les autres.

La séance d'inauguration eut lieu le lundi 2[illegible] décembre 1795, et c'est dans cette séance que l'astronome Lalande s'écriait : « Le voile de l'erreur est » levé; notre assemblée en est la preuve; le représentant Lakanal n'a cessé d'y travailler depuis 1792, » et je dois être ici l'interprète de la reconnaissance » des savants, parce que j'ai été témoin de son zèle » et de ses efforts pour parvenir au but que sem- » blaient négliger les savants eux-mêmes, affaissés, » découragés par la persécution et la terreur. »

L'œuvre de Lakanal était terminée. Il avait créé, refondu ou réorganisé en trois ans, au milieu des convulsions d'une révolution terrible et de l'invasion du pays par l'Europe coalisée, toutes les institutions scolaires de la France actuelle. Il pouvait se reposer et rentrer dans la vie privée. Le coup d'état du 18 brumaire lui en fournit bientôt l'occasion. Il avait trente-huit ans. Mais il pouvait, à juste titre, s'appliquer le passage suivant de son rapport sur la fondation des écoles centrales :

« L'univers, la postérité sauront qu'au milieu des » orages d'une Révolution inouïe, dans les crises » terribles d'une guerre dont vous souffliez l'embra- » sement sur vingt nations punies de leurs forfaits, » tandis que, dans l'intérieur, vous cicatrisez les » plaies que la patrie avait reçues de ses parricides » enfants, votre génie infatigable, combattant sans » relâche l'ignorance et le vandalisme qui menaçaient » d'envelopper la République, élevait un temple » immense, un temple éternel et jusqu'à vous sans » modèle, à tous les arts, à toutes les sciences, à » toutes les branches de l'industrie humaine, et que » vous assuriez, par ce chef-d'œuvre, à la nation » française sur les peuples de l'univers, une supé- » riorité plus glorieuse que celle que nous avait » donnée le succès de nos armées triomphantes... »

Appelé au Cinq-Cents par le corps électoral du département de Seine-et-Oise, il refusa ce mandat honorable pour ne pas rentrer dans la vie publique. Réélu malgré sa résistance, il confirma son premier refus par ces belles paroles :

« Lorsque les armées ennemies étaient aux portes

» de la capitale, j'ai accepté les fonctions périlleuses de représentant du peuple. Aujourd'hui que » les Alpes et les Pyrénées s'aplanissent sous la marche triomphale de l'armée française, je me retire » à l'écart avec mes livres et quelques amis, les » seuls biens dont mon cœur soit avide. »

Mais bientôt, dit M. Mignet, de nouveaux dangers l'appelèrent à de nouveaux dévouements. L'Italie était évacuée et perdue, les Anglais débarquaient en Hollande, les Russes pénétraient en Suisse, et les Autrichiens marchaient sur le Var et sur le Rhin, notre territoire était menacé de toutes parts. Alors Lakanal n'écoutant que son devoir fut offrir ses services au Directoire qui l'envoya à la frontière du Nord en qualité de commissaire général de la République. Il plaça sous ses ordres les quatre nouveaux départements de la rive gauche du Rhin que la victoire et les traités avaient réunis à la France. Lakanal les défendit avec sa vigueur et sa fermeté habituelles contre les ennemis du dehors et poursuivit, avec la même ardeur, et une inexorable intégrité ceux qu'il appelait *les pillards*, c'est-à-dire les indignes fonctionnaires qui indisposaient le pays en le pressurant, et les cupides fournisseurs qui exploitaient l'armée en la nourrissant mal. Il destituait les uns et faisait jeter les marchandises avariées des autres dans le Rhin. Un jour, il fit répandre tant de pièces de vin dans le fleuve, que ses eaux en furent un moment rougies sous Mayence.

Sentinelle de la République dans ce poste avancé

de la France, Lakanal y resta tant que l'intérêt du pays l'y retint. Mais après les succès de Masséna à Zurich, ceux de Brune en Hollande, et surtout après le coup d'état du 18 brumaire, il se retira pour toujours des affaires et rentra définitivement dans la vie privée, malgré la lettre suivante du premier consul :

» Les services importants que vous avez rendus » vous mériteront, dans tous les temps, des droits » à l'estime des hommes ; vous pouvez compter sur » le désir que j'ai de vous en donner des preuves. »

Mais l'intègre républicain refusa ces offres séduisantes et redevint simple professeur. Voici ce que dit M. Mignet à ce sujet :

« Lakanal ne méconnaissait pas les mérites du gouvernement nouveau, mais il en redoutait les desseins.

« S'il abattait l'anarchie et organisait savamment » la France, il étouffait la liberté dans la même » étreinte et asservissait le pays irrésistiblement.

» S'il accomplissait des choses utiles aux yeux de » l'austère conventionnel, il en détruisait de nécessaires ; il sacrifiait les principes politiques de la » Révolution à ses résultats civils, et de la volonté » périlleuse d'un grand homme faisait trop l'unique » règle d'une grande nation. N'approuvant pas tout, » Lakanal ne voulut rien être. Dans l'abandon des » principes pour les intérêts, il n'entendit pas devenir, comme beaucoup de ceux qui avaient pensé » avec autant d'exaltation et agi quelquefois avec

» moins de retenue que lui, ni sénateur, ni conseil-
» ler d'Etat, ni préfet, ni comte. »

Fidèle à ses vieilles convictions, Lakanal se fit modestement professeur ne croyant pas s'abaisser en travaillant pour vivre. Il enseigna les langues anciennes à l'école centrale de la rue Saint-Antoine.

Après la chute de l'Empire et le retour des bourbons, Lakanal perdit la modeste place d'inspecteur général des poids et mesures, pour l'application du nouveau système métrique, qu'il occupait depuis 1809 et qui le faisait vivre. Il perdit aussi son siége à l'Institut et à l'Académie des sciences. Il comprit alors qu'il ne pouvait plus rester en France et partit pour les Etats-Unis d'Amérique.

Nous ne parlerons pas du sympathique accueil que lui fit l'illustre Jefferson, ni de son intimité avec le grand orateur américain Henri Claye. Nous nous bornerons à dire qu'il fut se fixer aux pieds des monts Allégany où il se livra au rude métier de colon.

Il resta là jusqu'en 1822, époque à laquelle l'Etat de la Louisiane lui confia la mission de reconstituer l'Université de la Nouvelle-Orléans.

C'est dans cette ville que lui parvint la nouvelle de la Révolution de juillet. Son cœur en tressaillit d'allégresse. Les portes de la patrie lui étaient rouvertes. Mais il ne quitta la Nouvelle-Orléans que sur un procès-verbal de l'Académie des sciences morales et politiques, l'invitant à venir reprendre sa place à côté de Merlin, Rœderer, Daunon et autres. En recevant l'extrait du procès-verbal, Lakanal y inscrivit ces vers touchants que l'exil avait inspirés à Ovide sur les bords du Port-Euxin :

Nescio qua natale solum dulcedine cunctos
Ducit, et immemores non sinet esse sui.

Il rentra à Paris en 1837.

« Un jour, dit M. Mignet dans une notice bio-
» graphique lue le 2 mai 1857 à la séance annuelle
» de l'*Académie des sciences morales et politiques*,
» je vis arriver chez moi, avec le vieil uniforme de
» l'Institut, tel qu'on le portait sous le Directoire,
» un homme qui avait la stature encore droite, les
» cheveux abondants et noirs, dont le visage était
» grave, le regard contenu, la bouche sévère, les
» manières décidées et polies, le langage spirituel et
» sentencieux et qui semblait appartenir à un autre
» temps. C'était M. Lakanal. Une intelligence ferme,
» des habitudes tempérantes, une constitution ro-
» buste, avaient conservé à cet énergique vieillard,
» alors âgé de soixante-quinze ans, les apparences
» d'un homme de soixante. » « Mon extrait de bap-
» tême est vieux, disait-il avec autant de vérité que
» d'esprit, mais non pas moi, et quand on me donne
» un grand âge, je réponds comme Moncrif à
» Louis XV : On me le donne, mais je ne le prends
» pas. «

Il le prenait si peu, en effet, qu'il se remaria et eût un fils à soixante-dix-sept ans.

Toutefois, Lakanal se résigna au repos et se fixa

à Paris. Les séances de l'Institut et les herborisations aux environs de la capitale furent les dernières occupations de son esprit. C'est ainsi qu'il célébra le quatre-vingtième anniversaire de sa naissance en partant à pied, *le 14 juillet 1842*, de la rue Royale-Saint-Antoine pour aller cueillir des simples sur les côteaux de Montmorency.

Cependant il cherchait à publier deux ouvrages qu'il avait composés depuis longtemps : l'un sur la Convention nationale et l'autre sur l'Amérique. Malheureusement, ces ouvrages ont disparu et n'ont pas été retrouvés après sa mort, malgré toutes les recherches de Michelet. Tout porte à croire qu'ils ont été arrachés à la bonne foi de sa veuve par crainte ou par surprise.

Malgré son grand âge, Lakanal ne vivait pas isolé dans sa retraite. Il y était souvent visité par ses nombreux amis et collègues de l'Institut et de l'Académie des sciences morales et politiques. Il était particulièrement lié avec David d'Angers, le grand sculpteur qui a fait le buste en marbre placé à l'Institut, le docteur Lélut et la famille de l'illustre Geoffroy-Saint-Hilaire. Nous ne résistons pas au désir de reproduire quelques extraits des lettres de ce grand naturaliste trouvées dans les papiers de Lakanal. Il était en Normandie retenu par un voyage scientifique. Sa fille lui apprend l'arrivée de Lakanal à Paris et il s'empresse de lui écrire :

« Bernay, dimanche, 16 septembre 1837.

» O jour heureux pour moi ! vous êtes à Paris !

» honorable ami, vous qui fûtes mon bienfaiteur à » l'aurore de ma vie, vous m'êtes enfin rendu » dans l'hiver de mes ans!

» N'y a-t-il point un grand chanteur de cantiques, » Saint-Siméon, qui, satisfait d'avoir fourni aux » conditions du banquet de la vie, se mettait à crier » sa joie et sa satisfaction? Je tranche aujourd'hui » du Saint-Siméon. »

Et plus loin :

» Je suis ici pour décrire un crocodilien du ter- » rain oolithique, né un milliard d'années avant » Jésus-Christ, et rené, il y a deux ans, pour la sa- » tisfaction de votre serviteur.

» J'ai à cœur de changer mes pensées saturnien- » nes pour une antiquité toute fraîche, celle qui me » rend, après quarante ans, le cœur d'un excellent » ami, que j'ai hâte d'aller embrasser. Plus d'Océan » entre nous!

» De cœur et d'âme à vous,

» Geoffroy Saint-Hilaire. »

Autre lettre du 16 novembre 1837 :

« Je ne serai content que mon projet ne soit exé- » cuté, qu'il y ait une médaille en bronze de mon » bienfaiteur exécutée par notre grand David. Il est » en ce moment à Angers, sa ville natale, à cause » des élections; mais il va nous revenir, et, dès son » arrivée, nous dînerons ensemble. Sa petite, jolie » et très spirituelle femme, petite-fille de Lareveil- » lère-Lépaux, sera de la tablée.

» Vous verrez de braves gens, éclatants de santé, » et surtout recommandables par le sentiment pur, » loyal et civique.

» Vous accepterez alors, et connaissant ma famille, » il n'y aura plus d'hésitation.

» De toutes façons, je place ici notre invitation » d'une manière générale. Nous avons soirée, cau- » serie, thé et réunion amicale tous les dimanches, » à partir de huit heures du soir. Soyez des nôtres, » quand vous le pourrez. Rien ne nous sera plus » agréable.

» Salutations de vive gratitude et de tendres amitiés,

» Geoffroy SAINT-HILAIRE. »

Lakanal, comme tous les hommes de foi et d'expérience profondes, avait quelquefois la vision de l'avenir.

Voici ce que raconte Marcus dans la biographie de ce conventionnel, page 187 :

En 1842, Lakanal reçut la visite d'un petit neveu venu de Serres à Paris pour le voir. Dans la conversation, le vieux républicain lui ayant demandé quelle était en ce moment l'opinion politique de l'Ariège, le jeune homme lui répondit qu'il ne s'était pas encore occupé de ces questions.

« Hé bien, mon ami, lui répondit Lakanal, puis- » que vous n'avez pas encore été touché par la poli- » tique, écoutez ces simples paroles et, quand » l'heure sera venue, faites-en, si vous voulez, la

» règle de votre conduite. Je suis né républicain et
» je le mourrai. Ce que je désire pour la France,
» c'est une République ordonnée et régie par de
» bonnes lois. La France reviendra à la République,
» ou plutôt la République reviendra à la France.
» Elle est encore loin pourtant. Heureusement ! car
» si elle était restaurée en ce moment, je ne connais
» pas deux hommes assez désintéressés et assez
» capables pour la diriger. Il n'importe ! Elle revient
» à grands pas comme un exilé qui veut revoir,
» coûte que coûte son pays. Cependant, moi, je ne
» la verrai point ! vous la verrez, mais elle ne sera
» pas de longue durée ; elle sera escamotée comme
» la première fois, et la France courbera encore la
» tête sous un sabre. Enfin, la République revien-
» dra encore pour s'installer définitivement sur notre
» sol, car elle y est née, et elle y possède des racines
» trop profondes pour qu'il soit possible à la main
» de l'homme de les extirper.

Les événements ont confirmé si complètement ces paroles qu'on serait presque en droit d'en contester l'exactitude, mais le petit-neveu de Lakanal, auquel elles ont été adressées, est plein de vie et il en affirme l'authenticité. Il me semble entendre encore, dit-il, la voix forte, ferme et grave de mon oncle Joseph.

Une autre fois il écrivait dans ces notes :

« Le titre de conventionnel, qui fut longtemps
» proscrit, sera bientôt un titre de gloire. Le jour
» de la justice se lèvera pour ces hommes qui com-

» battirent comme des lions du désert pour con-
» quérir aux peuples des biens dont ils ne devaient
» pas jouir eux-mêmes. »

On demandait un jour à Sièyes : Qu'avez-vous fait pendant la Terreur? ***J'ai vécu***, répondit-il.

Si pareille question avait été adressée à Lakanal, il aurait pu répondre : ***J'ai travaillé pour mon pays !***

Nous avons dit que Lakanal était un penseur et non un homme de combat. Il puisait pourtant quelquefois dans l'austérité de sa vie et de ses mœurs, dans son amour ardent de la patrie et de la chose publique, des accents d'une énergie surprenante.

En voici un échantillon pris dans le procès-verbal de la séance du Conseil des Cinq-Cents du 3 pluviôse an IV (21 janvier 1796) :

« Vous avez célébré, avant-hier, la fête de la République; elle ne peut s'asseoir que sur les ruines de tous les priviléges et de tous les abus. Je viens vous en dénoncer un qui, depuis longtemps, nourrit l'indignation au fond de mon cœur, et qu'il faut enfin enlever jusqu'à ses racines. Je viens vous dénoncer cette foule d'enfants déshonorés qui, frappés par la réquisition, n'ont pas encore été expier aux frontières la honte de n'avoir encore rien fait pour leur patrie. Vainement le législateur travaille à les rallier sous les drapeaux de la liberté ; ces travaux n'ont produit jusqu'ici que le triomphe des coupables et la honte des lois. La cause de ces affronts à la volonté nationale,

» vous la trouverez dans les démarches de cette foule » de solliciteuses, l'opprobre de leur sexe ; vous la » trouverez dans l'influence corruptrice de ces fes- » tins où brille l'or volé à la République ; vous la » trouverez dans la mollesse criminelle, dans la cor- » ruption et l'incivisme des agents d'exécution et » principalement des officiers de santé de toute la » République.

« C'est surtout sur eux qu'il faut porter un regard » assuré et impitoyable ; ils vont distribuant des » liasses de certificats de maladie à des jeunes gens » qui, tous les jours, agiotent sans pudeur sur nos » places publiques et qui, le soir, réunis aux spec- » tacles, insultent à l'autorité nationale et repous- » sent effrontément les chants de nos triomphes. » Jusques à quand, législateurs, la loi reculera-t-elle » devant une poignée de polissons qui jouissent » sans vergogne du scandaleux triomphe de l'impu- » nité? Il faut, ou que les lâches aillent servir la » République sur nos frontières, ou que la Répu- » blique les vomisse de son sein. Il faut que si vos » lois, à cet égard, ne s'exécutent pas avec une reli- » gieuse ponctualité et que ces émigrés du dedans » n'obéissent pas à la voix de la patrie, tout citoyen » ait le droit de les saisir partout où il les trouvera » et de les consigner dans le plus prochain hôpital. » Je prends, moi, l'engagement solennel de dénon- » cer tous les abus qui pourraient les tenir éloignés » du poste que leur a assigné la patrie. Je les repro- » duirai sans cesse à cette tribune ; l'espoir d'être

» utile à mon pays me fera braver la crainte d'être » importun, etc. »

Voici mon immuable ligne de conduite, a écrit Lakanal dans un de ces manuscrits :

» *Inveni requiem. Spes et fortuna, valete!*
» *Nil mihi vobiscum est ; ludite nunc alios.* »

Lakanal passa les dernières années de sa verte vieillesse au milieu de la famille de Geoffroy-Saint-Hilaire et de ses amis de l'Institut. Mais un jour du mois de décembre 1844, dit Mignet, « il prit froid » en sortant d'une des séances de ce corps savant et » il dût s'aliter. Il vit approcher sa fin sans trouble » et sans regret. La sérénité de son esprit et la fer- » meté stoïque de son âme se conservèrent jusqu'au » bout. Lakanal avait cru à la République et il y » croyait encore : on n'a pas deux fortes convictions » dans sa vie, etc. »

Il mourut le 15 février 1845. Le docteur Lélut, qu'il aimait comme un fils, l'entoura des soins les plus tendres. « Vos soins ne peuvent me sauver, » lui dit-il un jour, *il n'y a plus d'huile dans la* » *lampe*. Je vais paraître devant Dieu, le cœur pur, » les mains nettes. »

Le 13 février, plusieurs symptômes alarmants se manifestèrent. Lélut comprit que la fin approchait. Mais Lakanal lui prenant la main, au moment de mourir, lui dit :

« Mon ami, je n'ai plus rien à faire dans la vie ; » il ne me reste plus qu'à bien la quitter. Je vais,

» ajouta-t-il en souriant, je vais, comme disait
» Rabelais, chercher le mot d'une grande énigme.
» Saint Augustin dit : *Deus, ens de quo valde dici-*
» *tur, parum concipitur*. Je n'en sais pas plus long
» que lui sur ce point. Je crois à la Providence.
» Qu'est-ce que c'est ? Je ne le sais pas bien ; mais
» je me présenterai avec confiance devant elle. Je
» n'ai regret à rien de ce que j'ai fait, et je verrai
» arriver sans crainte le moment de m'en expli-
» quer. » Telles furent ses dernières paroles.

Lakanal mourait pauvre. Il ne laissait rien à sa veuve. Le gouvernement de Louis-Pilippe lui accorda une pension viagère de 1,200 fr. que l'Empire réduisit à 800 fr. en 1857.

Mme Lakanal fut dès-lors forcée de se livrer, pour vivre, à des travaux d'aiguille très assidus. Elle avait plus de soixante ans ; mais sa pension fut remise à son chiffre primitif en 1867, sous le ministère Duruy.

Elle est morte il y a environ deux mois, emportant la consolation de savoir que les compatriotes de son mari s'occupaient sérieusement d'élever une statue à sa mémoire chérie.

Les funérailles de Lakanal eurent lieu le lendemain de sa mort. MM. de Rémusat, Blanqui aîné, Lélut, de l'Institut, et Carnot, député, prononcèrent des discours. Nous ne les reproduirons point, mais nous croyons devoir terminer cette courte notice par la fin du discours de Blanqui aîné.

« Ce qui distingua surtout, dit-il, Lakanal, c'est

» le désintéressement et la fermeté stoïque du ca-
» ractère. L'histoire en gardera sans doute quel-
» ques traits hors ligne ; qu'il nous suffise de dire
» qu'avant de mourir, repassant sa vie toute en-
» tière, il n'en désavouait aucun acte. Sa pauvreté
» répondait pour lui ; car Lakanal est mort pauvre,
» Messieurs, pauvre de cette pauvreté qui eût effrayé
» une âme moins fière que la sienne et qui serait
» inexplicable chez un homme d'une vie si simple,
» si austère, si bien ordonnée, sans la connaissance
» de ses malheurs, de ses vingt ans d'exil. Adieu
» donc, Lakanal ! homme simple et doux, citoyen
» intègre, noble et ferme caractère ; adieu ! on ne
» pleure pas des hommes tels que toi : on les ad-
» mire et on tâche de les imiter. »

B. LAVIGNE (1).

(1) Tous les éléments de cette brochure ont été puisés dans l'ancien *Moniteur* et dans les *Notices biographiques* de MM. Mignet, Marcus, Emile Darnaud et Clamagéran.

TOULOUSE. — IMPRIMERIE PAUL SAVY
Allée Lafayette, 10 bis.

www.ingramcontent.com/pod-product-compliance
Lightning Source LLC
LaVergne TN
LVHW020303230826
846091LV00006B/2502
9782019932060